АГ338771

GODDES-DE-LIANCOURT

(CALLISTUS-AUGUSTUS, Comte de)

PARIS

IMPRIMERIE FÉLIX MALTESTE & Cie

Rue des Deux-Portes-Saint-Sauveur, 22

1865

SUITE AU BIOGRAPHE DE 1836

GODDES-DE-LIANCOURT

(CALLISTUS-AUGUSTUS Comte de)

GODDES-DE-LIANCOURT (Callistus-Augustus, comte de), ancien conseiller intime de la Maison royale d'Espagne, à Paris ; chevalier de l'ordre impérial de *Charles V* (1), élevé à la dignité de comte en 1833 ; chevalier des ordres royaux d'*Isabelle la Catholique*, d'Espagne (2); du *Christ*, de Portugal (3); du *Sauveur*, de la Grèce (4); de *Saint-Jean*, de Jérusalem (5); décoré d'une *Médaille d'or* (6); Fondateur et Directeur général de la *Société Internationale*, etc., est né en 1805, au vieux château de Liancourt, fils de Pierre-François, qui fut, pendant un demi-siècle, le premier magistrat et le patriarche de la Commune (ob. novembre 1832). Callistus-Augustus est le dernier de trois frères : Alexandre, helléniste distingué, Joseph et Junius ; Joseph épousa la *comtesse de Gaudechart*, dont l'aïeul, le *comte de Gaudechart*, *marquis de Querrieu*, prit pour femme, en 1571, *Iolande-Duplessis*, née à Liancourt : les *Duplessis* furent ensuite les *ducs de la Rocheguyon*. Chaque année de la vie de Goddes-de-Liancourt étant marquée, pour ainsi dire, par une fondation, une invention, une œuvre littéraire utile à l'humanité, il importe moins à nos lecteurs de savoir comment sa généalogie se rattache à la maison séculaire d'Anjou (Réné d'Anjou), aux comtes de Surrey, en Angleterre, etc., que de passer rapidement en revue les titres solennels qui lui assignent une place distinguée dans les pages de l'histoire contemporaine, comme politique, philanthrope, littérateur et historien (7).

En 1815, lors du grand naufrage de l'empereur *Napoléon*, le jeune

(1) 1833.   (2) 1835 — (3) 1835. — (4) 1836. (5) — 1839. — (6) 1840.

(7) L'orthographe de ce nom a varié pendant le cours des siècles : *voir* Biog. des Comtes et Marquis de Goddes, etc.

Goddes-de-Liancourt quittait le collége de Clermont pour aller con-
tinuer ses études à Paris, sous le préceptorat du savant *Desmarest*,
traducteur de la doctrine théosophique de la *Jérusalem-Nouvelle* (*Swe-
demborg*). De là, il entra dans la pension *Goubeaux*, et, bientôt après,
au *collége Sainte-Barbe* (*Rollin*), où il fut le compagnon d'études du
duc de *Saulx-Tavannes*, du comte *Pozzo-di-Borgo*, des *Nisard, Lemaire,
Cornudet,* etc., qui tous ont honoré la diplomatie, les lettres et la magistrature.

En 1830, nous le trouvons au *collége Saint-Louis*, terminant sa philosophie et prononçant un discours sur l'*Education* (1), essai qui rappelle
le style de son vénérable maître *Villemain*. Lors de la Révolution de
juillet, il suivait les cours de la Sorbonne et de l'Ecole de Médecine.
On a de lui un volume d'*Observations médicales* (2).

Peu après le coup d'Etat qui brisa la trône de *Charles X*, le jeune
étudiant publiait une satire politique contre la peine de mort :. *Frappe,
mais écoute ; les ministres de Charles X ne sont pas condamnables,
bien que leurs faits soient coupables,* par un libéral sans peur et
sans reproche (3).

Ce petit ouvrage fut suivi d'un *tableau synoptique de l'état de la
France pendant deux siècles orageux,* intitulé : *Coup d'œil sur les
révolutions françaises, de* 1643 à 1830 (4). Vers cette même époque,
parut l'*Eloge funèbre de S. M. don Pédro, duc de Bragance, empereur
du Brésil.* Le comte ayant été présent, avec le général *Lafayette* et
l'amiral anglais *sir Sidney Smith*, à l'arrivée de *don Pédro* à Paris,
après son abdication, en 1831, fut choisi, plus tard, par la *Société uni-
verselle de civilisation,* dont il présidait le comité des relations
étrangères, pour prononcer le panégyrique du royal défunt (5).

Le système saint-simonien se propageait alors en France, et ses
principes rassemblaient des cœurs généreux et une foule d'hommes
habiles : le jeune *Goddes* ne resta pas étranger aux doctrines nou-
velles ; il les propagea, par sa parole et ses écrits, surtout comme
doctrines économiques.

On publia, chez Delossy, en 1834, son *Discours sur la confédération
des corps savants.* C'est un écrit parfait sur une idée parfaite ; et

(1) Dubreuil, 90, rue de la Harpe.
(2) Desmarets, Senlis.
(3) Delossy, rue de Vaugirard, 1830.
(4) Dubreuil, 1834.
(5) Desauche, 1834-1840.

comme les événements s'enchaînent beaucoup plus qu'on ne le pense généralement, le 1er janvier 1835, le *comte de Goddes-Liancourt*, assisté du chevalier *D. de Saint-Anthoyne* et du *général baron Juchereau-de-Saint-Denys*, commandeur de l'ordre de la Légion d'honneur, fonda la *Société générale des Naufrages* et de l'*Union des Nations, et dans l'intérêt du commerce et des sciences.* Le diplôme de cette belle institution porte les noms des *duc de Frias, marquis de Miraflores, prince Masséna, marquis de Sercey, prince de la Cisterne, général comte Swetchinne, maréchal Grouchy, amiral Truguet, prince Adam Czartorisky, Émin Pacha, prince Caradja, l'évêque d'Alger, duc de Serra-Capriola, amiral sir Sidney-Smith, duc de Doudeauville, Cardinal de Cheverus, maréchal Puerreydon,* Président de la République-Argentine, *cardinal de la Tour-d'Auvergne, prince Belgioso, S. A. le prince de Salm, K., amiral Bergeret, duc de Caraman, amiral Villaret de Joyeuse,* et celle du *général Hulin,* etc. Cette fondation peut donc être considérée comme un événement international et humanitaire dans notre histoire contemporaine, un premier *Congrès universel* sur la terre de France.

Qui pourrait raconter les travaux herculéens que coûta cette charité ! Les reines d'Espagne et de Portugal saluèrent, les premières, du nom de royale, la *Société internationale;* et les empereurs de Turquie et de Russie, les maisons royales de Naples, de Grèce, de Suède, de Prusse, de Portugal, etc., etc., vinrent bientôt ratifier cette généreuse initiative. Aux mois de janvier 1836 et de mai suivant, les amiraux sir *Sidney-Smith* et *Lalande* présentèrent le fondateur et le Conseil au *roi des Français.* La *Société internationale* comptait, alors, quatre-vingt-douze sections, sur les rivages d'Europe, d'Afrique, d'Amérique, et jusqu'à la Chine, où le philanthrope *Gutz-Laff* la propageait sur les rivages des régions antipodales.

Un accident, qui n'est pas connu, signala cette époque de la fondation de la *Société internationale.* L'amiral anglais *sir Sidney-Smith,* qui habitait la France depuis longues années, prenait une part très-active, avec le *comte de Goddes,* pour asseoir l'institution nouvelle sur une base solide. On se rappelle l'explosion de la machine infernale de Fieschi, Pépin et Morey, le 28 juillet 1835, sur le boulevard du Temple. Or, le lendemain, *sir Sidney* visitait, en compagnie du Fondateur, les restes mutilés du *maréchal duc de Trévise;* et le vieil amiral avait les yeux mouillés de larmes. Le jour suivant, le *National,* en racontant cette visite, appliqua à *sir Sidney* l'épithète odieuse de *pirate.* Le coup porté faillit être fatal, autant qu'il était peu généreux. Le comte, mû par un de ces sentiments qui germent seulement dans les cœurs bien nés, s'achemina aussitôt vers la demeure de son ami l'*amiral Bergeret*, qui avait été l'objet d'un cartel d'échange avec *sir Sidney*, sous la République française, pour le consulter sur ce qu'il y avait à faire. « *Tâchez d'amener l'amiral ici*, dit *Jacques Bergeret*. — Le lendemain à midi, le *comte de Goddes* et *sir Sidney*, bras dessus, bras dessous, s'acheminaient vers la demeure de l'amiral français, et la conversation suivante avait lieu dans un petit salon, au troisième étage de la rue de Provence : « *Le comte* : Comment trouvez-vous l'épithète du *National*, amiral *Bergeret?* » *Bergeret* : « Je la trouve odieuse. » (Se tournant vers *sir Sidney*) : «Si le sort malheureux des affaires conduisait jamais » mon vaisseau en face du vôtre, amiral, je commencerais par vous » faire visite à votre bord, comme au plus galant adversaire, et si les » boulets respectaient nos existences, je suis sûr que vous me rendriez » la visite de la veille, le lendemain matin, avant de recommencer notre » devoir... » L'épithète était oubliée.

Ce fut en 1837 que le *comte de Goddes* découvrit le système des *bombes-amarres*, à grandes portées. Le maréchal ministre de la guerre, *marquis Maison*, ordonna des expériences publiques à Vincennes. Au mois de septembre 1837, en présence du général *baron Duchaud*, commandant l'école d'artillerie, et de l'Etat-major de la Place, l'expérimentateur manœuvra des mortiers de 8, 10 et 12 P. avec le plus grand succès, comme l'attestent les procès-verbaux aux archives de la citadelle. En décembre suivant, toute la ville du Havre assistait à une seconde épreuve sur la jetée du sud. A Rouen, cent mille spectateurs vinrent des quatre points cardinaux applaudir à un succès étonnant. A midi, en présence des autorités civiles et militaires, de la magistrature et des cercles, *M. de Goddes* lança une bombe qui s'accrocha, du premier coup, à la vergue du grand mât d'un *trois-mâts* mouillé à 600 pieds en Seine. S'embarquer, arriver au navire, grimper au grand perroquet, saisir l'amarre, la passer dans une poulie de retour; de là, s'élancer sur une élingue pour revenir au ponton, suspendu à un filin à une hauteur de soixante pieds au-dessus d'un fleuve rapide qui charriait des glaces, fut l'affaire de vingt-cinq minutes ! L'ovation qui attendait le hardi expérimentateur est plus facile à comprendre qu'à décrire. — L'amiral *comte de Rosamel*, ministre de la marine, lui écrivit, à la date du mois de mars 1838, *qu'il avait bien mérité de la patrie!* A la même époque, *S. A. Impériale le prince Louis-Napoléon*, qui correspondait alors avec le comte, envers lequel il ne tint pas sa promesse dans des jours plus heureux, lui adressa la lettre suivante :

Suisse, Gothiel, 19 avril 1836.

« A M. LE COMTE DE GODDES-LIANCOURT,

» L'accident qui m'est arrivé, et auquel vous avez bien voulu vous
» intéresser, m'a empêché de répondre plus tôt à votre aimable lettre,
» car je tenais à vous remercier moi-même de tout ce qu'elle contenait
» d'aimable pour moi. J'ai lu, avec le plus vif intérêt, le récit de la
» dangereuse expérience que vous avez faite, vous-même, à Rouen,
» pour le sauvetage des naufragés. Je vous envie de pouvoir employer
» vos moments à un but aussi philanthropique. Je vous remercie des
» offres que vous me faites; mais je ne pourrais me livrer à des expé-
» riences qui, pour être concluantes, doivent être entreprises sur une
» grande échelle. Croyez, monsieur le comte, que je suis extrêmement
» touché des sentiments que vous me portez et que c'est avec plaisir
» que je vous renouvelle l'assurance de toute ma sympathie.

» NAPOLÉON BONAPARTE. »

A Nantes, à la Rochelle, à Bordeaux, à Bayonne, à Marseille, à Cette,
à Alger, à Livourne, à Naples, à Rome, douze cent mille personnes ont
accueilli avec acclamation le noble philanthrope, objet de cette notice.

C'est à lui que nous devons, en France, l'usage des *fusées à la Congrève*, porte-amarres, qu'il avait perfectionnées avec *Ruggieri*.

Le *grenadier de sauvetage* est son invention, et fut essayé, avec un
succès parfait à Saint-Ouen, par une commission présidée par le lieutenant-général *comte Barrois, pair de France*, en présence de *S. A. R.
don François de Paule* et du *duc de Serra-Capriola, ambassadeur de
Naples*; le *nautile*, cette admirable ceinture de sauvetage, qui s'enfle
toute seule, et ne craint pas l'acupuncture, fut patenté par *M. Goddes
de Liancourt*, en France, en Angleterre et aux États-Unis d'Amérique.
— Le *système d'unité de phares et fanaux du globe*, pour enchenaler
sûrement, sous toutes les latitudes, système qui produisit une telle
sensation dans le monde nautique, que S. M. *l'empereur Nicolas* fit
remettre à son auteur une bague en diamants du plus grand prix, at-
teste la variété des travaux du comte, qui fut le premier à comprendre
que la *Société des naufrages* devait être *internationale, préventive*, et
former le seul nucléus possible du système humanitaire par la simple
charité. — Maintenant, nous allons laisser parler un *maréchal de
France*, qui s'est fait le biographe du *comte de Goddes*, et qui, dans sa

nombreuse correspondance privée avec lui, a flétri la conduite du roi Louis-Philippe, et celle d'un de ses courtisans (1).

DÉTAIL SOMMAIRE DES SERVICES RENDUS A L'HUMANITÉ
par M. Goddes-de-Liancourt (2).

« La Ferrière-Calvados, juillet 1839. »

AU ROI.

» SIRE,

» *Calliste-Auguste Goddes-de-Liancourt* est fondateur de la *Société*
» *internationale des naufrages*. Depuis cinq ans, tous ses soins, toute
» sa sollicitude, ont été consacrés à la recherche de tout ce que les
» sciences et les lettres peuvent produire, ou découvrir qui soit propre
» à faire atteindre le but que se propose l'institution philanthropique
» qu'il a fondée. Il a fait construire des bateaux de sauvetage à ses frais,
» et en a amélioré et perfectionné la construction : il s'est livré, sur
» plusieurs points de nos côtes, à des expériences de sauvetage dan-
» gereuses, de divers genres ; elles ont eu lieu en présence des popu-
» lations maritimes, des autorités civiles et militaires, qui ont apprécié
» l'utilité de ses travaux, et applaudi aux importants résultats qu'ils
» mettent à même d'obtenir. — La conversion en moyen de sauvetage,
» pour les naufragés, des armes les plus meurtrières de la guerre ;
» telles que les *bombes,* les *obus* et les *fusées à la Congrève,* est son
» ouvrage. Il a conçu l'heureuse idée d'arracher à la mort nombre
» d'asphyxiés, notamment ceux par submersion, en faisant connaître,
» par des cours publics et gratuits, aux habitants des bords des fleuves
» et de la mer, et à ceux des employés du gouvernement que leurs
» fonctions y font résider, la manière de faire usage des instruments
» et des médicaments propres à rappeler à la vie les malheureux qui
» semblent l'avoir perdue. Ces cours publics et gratuits ont eu lieu
» sur divers points. Ses généreux efforts pour diminuer le nombre des
» victimes que dévore la mer, lui ont mérité des félicitations des mi-
» nistres de l'Instruction publique et des cultes, qui font assister à ces
» cours les douaniers, les commissaires de police, etc., enfin, les em-
» ployés dépendant de leurs départements.

(1) Cette correspondance paraîtra dans les *Mémoires* du comte.
(2) Copie textuelle de la lettre du maréchal au roi.

— 9 —

» Par ses soins, des récompenses pécuniaires et des médailles sont
» envoyées aux matelots et aux sauveteurs, etc., et à ceux auxquels des
» traits de courage et de dévouement donnent des titres à l'intérêt de
» la *Société générale des naufrages*. En plus d'une occasion, les ministres
» de la marine ont encouragé son zèle par des éloges flatteurs ; et, en
» dernier lieu, le *ministre d'État, vice-amiral de Rosamel*, en le féli-
» citant sur les preuves de dévouement qu'il ne cesse de donner, pro-
» clame : *Qu'il avait mérité la reconnaissance de la patrie* (1). Il a
» propagé les travaux et fait adopter l'institution fondée par lui, en
» Espagne, en Portugal, en Russie, en Suède, en Prusse, en Sicile, à
» Alger, en Turquie, en Belgique, en Sardaigne et même à la Chine !
» Les souverains d'Espagne (2), de Portugal (3), du Saint-Siége et de
» la Grèce (4), l'ont décoré de leurs ordres, mais je place au nombre
» des plus précieuses récompenses qu'il puisse obtenir la décoration
» de la Légion d'honneur, et le président et les membres de la Société
» se plaisent à affirmer qu'il l'a bien méritée.

> » *Le maréchal, marquis de Grouchy,*
> » *pair de France*, président ;

> » *Le lieutenant-général, baron Duchaud,*
> » vice-président ;

> » Le *vice-amiral Bergeret*, le *contre-amiral Dupotet*, le *contre-*
> » *amiral de la Bretonnière*, présidents d'honneur. »

On conçoit difficilement ce que la Légion d'honneur, sous *Louis-Philippe*, pouvait ajouter aux paroles de l'amiral *Rosamel* et du marquis de *Grouchy*, aux rapports de MM. *Pouillet* et *Séguier*, de l'Académie des Sciences ; aux lettres du *baron Poisson*, etc., etc. — Tous ces grands travaux amenèrent la publication du *Traité pratique de la conversion des armes de guerre en moyens de salut*, etc., ouvrage qui mérita à son auteur la reconnaissance de presque tous les souverains ou chefs de gouvernement du globe. Ce traité contient les détails com-

(1) Lettre du 23 mars 1838, *Mémoires de la Société internationale*, vol. I, p. 67.

(2) Ordon. royale, Madrid, 1835, Christina-Mendizabal.

(3) Ordon. royale, Lisbonne, dona Maria-Freire, *La Conception*. 1837. Ordre de Charles V, 1833.

(4) Ordon., Athènes, Otho., 1836. — Ordre du Temple. — Médaille d'or, 1840.

plets sur la *balistique des projectiles porte-amarres, bombes, obus, fusées, grapins, grenades, flèches* ; il est suivi d'une *exposition générale des inventions qui ont pour but la préservation de la vie des naufragés*, telles que *bateaux, radeaux, bouées, signaux, ceintures et matelas de sauvetage, explorateurs sous-marins*, et terminé par deux traités : l'un, sur l'*Asphyxie par submersion* ; l'autre, sur *la Petite Chirurgie de bord* ; ouvrages approuvés par le *ministre de l'Instruction publique*, et imprimés et distribués à 10,000 exemplaires. Ce beau travail, précédé d'une introduction, résume les travaux antérieurs des Sociétés humaines.

Ce fut une bonne fortune pour nous que d'avoir vu, à cette époque, réunis autour du foyer du comte, directeur général de la Société internationale, pendant une de ses réceptions d'hiver : S. Exc. le maréchal de France, *marquis de Grouchy*, président ; le général *comte Swetchinne*, vice-président d'honneur de la section russe, ancien gouverneur de Saint-Pétersbourg, et secrétaire intime de l'empereur Paul Ier ; S. E. *le cardinal de la Tour-d'Auvergne*, qui venait à Paris pour recevoir sa barrette ; le lieutenant-général *Bustamente*, président de la République du Mexique, ami intime de M. de Liancourt, si nous en jugeons par sa correspondance ; le *duc de Saulx-Tavannes*, pair de France ; l'amiral anglais *sir Sidney-Smith* ; le *comte de la Bretonnière* et le *vice-amiral Bergeret*, qui avait été l'objet d'un cartel d'échange avec *sir Sidney*, sous la République. Le *comte Swetchinne*, lorsqu'il fut présenté au maréchal, lui dit d'une voix pleine de bonhomie : « *Maréchal*, c'est à Votre Excellence que je dois la préservation de mon hôtel, à Moscou ; pardonnez-moi d'avoir été si longtemps à vous en remercier. — Comment, c'est vous, *général Swetchinne ?* Que Dieu soit loué de vous voir après trente ans de paix ! Votre hôtel est resté gravé dans ma mémoire, comme au jour où le sort des armes le mit en mon pouvoir. — Il y aurait de l'égoïsme à parler de sa préservation... » Et ces deux vieux guerriers, qui comptaient cent soixante ans à eux deux, se tenaient par la main, comme étourdis par leurs souvenirs.

Les événements de la vie de l'homme se succèdent et s'enchaînent selon des lois qui leur sont propres, et qu'il serait inutile de discuter ici. Il nous suffira de dire qu'à cette époque, la fameuse *Carlotta*, fille, sœur et mère de rois, s'agitait à Paris, pour trouver des maris à ses filles, des femmes à ses fils et un trône pour elle-même, lorsqu'elle rencontra le comte de *Goddes* qui lui plut par ses manières engageantes, et ses connaissances générales si étendues. L'ardente princesse conçut aussitôt l'idée de se l'attacher, et elle lui confia ses peines et ses espérances.

M. de *Liancourt* passa le Rubicon, sans avoir une armée derrière lui. Ébloui sans doute par la position de conseiller intime d'une maison de *Bourbon : sua cum perdidit ambitio.* L'actif et intelligent philanthrope, qui avait l'honneur de correspondre avec des têtes couronnées, avait déjà assez de besogne, sans entreprendre de rédiger des constitutions pour Montévideo et le Mexique, de préparer le mariage du *duc de Cadix* avec sa cousine *la reine Isabelle d'Espagne ;* sans briguer, ou plutôt sans disputer la régence au *général Espartero ;* sans faire des voyages en Angleterre pour unir S. A. le prince *Louis Napoléon,* aujourd'hui Empereur, à l'une des trois filles de *S. A. le prince don Francisco de Paula.* Ces projets pouvaient être magnifiques et possibles, puisqu'ils ont été en partie réalisés, mais là n'était pas la faute. Pourquoi négliger les intérêts d'une institution plus grande que tout cela? pourquoi sacrifier la *Société internationale* à des intérêts dynastiques? — En 1839, le comte partit pour l'Italie, chargé de négocier un arrangement de famille avec le *roi de Naples,* qui avait déchiré le testament de son père. Dona *Carlotta,* la *duchesse de Berri,* le *prince de Capoue,* firent une tentative afin d'obtenir une compensation, et M. de *Goddes-Liancourt* alla à la cour de Toscane pour combiner un mouvement appuyé du grand *duc Ferdinand II,* marié à la princesse *Marie-Antoinette,* sœur du *roi de Naples.* Le résultat de tout ceci fut que *Louis-Philippe,* qui convoitait alors le trône d'Espagne pour le *duc de Montpensier,* rencontra sur son chemin le fondateur de la *Société internationale,* et le sacrifia avec tout le luxe d'un roi qui se venge. La société fut envahie par un horde d'étrangers, de hauts dignitaires; et cette institution admirable se trouva gravement compromise, à la suite d'une erreur de jugement, et malgré les efforts généreux du comte de *Chastellux* et du *duc de Rauzan* pour l'empêcher de chasser sur ses ancres. M. de *Goddes,* à la veille d'épouser une dame anglaise, l'accompagna à Londres, le................; et, aussitôt, les généraux d'Alexandre se disputèrent, les armes à la main, la succession dont ils s'étaient violemment emparés.

Mais comme si rien ne devait manquer à sa gloire, la *Société des naufrages,* fondée par ses soins en Amérique, proclama, à cette époque, son existence officielle à New-York (22 mai 1844).

M. le comte de *Goddes* est toujours resté supérieur à sa mauvaise fortune; aussi répétait-il souvent ces vers d'Horace, auquel il portait une espèce de culte :

Si fractus illabatur orbis,
Impavidum ferient ruinæ.

Ses dernières publications, en France, furent : « 1° *Les quatre périodes de la vie militaire de l'adjudant général baron Dupin* (1) ; 2° les premiers numéros de l'*International*, dont il fut le fondateur, et qui portent son nom comme éditeur. Ce fut alors que LL. AA. RR. les *Infants d'Espagne* furent rappelés à Madrid, où il ne fut pas permis à ceux qui composaient leur conseil de les suivre. Le *comte de Parsent*, grand-maître de la maison, mourut exilé, de fait, à Bordeaux.

M. de *G. Liancourt* est membre des académies impériales de l'Aisne, de la Côte-d'Or, du Nord, de Vaucluse; des Sociétés des sciences, arts et agriculture de l'Eure, de la Charente-Inférieure, du Doubs, de l'Aude, du Bas-Rhin, du Pas-de-Calais, d'Indre-et-Loire, de Loir-et-Cher; des Sociétés d'émulation de Rouen, de la Vienne, du Jura et des Vosges, des Sociétés philomatiques de la Meuse et des Pyrénées-Orientales; des Sociétés de statistique de Paris, de Marseille et de Grenoble, des Sociétés philomatiques du Morbihan, de la Société économique des Landes, des Sociétés pour l'abolition de l'esclavage, de la Société phrénologique, des Sociétés humaines de Calais, de Bayonne, de Boulogne, etc., etc. — A cette époque, les résultats du naufrage de S. A. I. le *prince Louis Napoléon*, à Boulogne, et de la correspondance du comte avec ce prince, en 1837, 1838, 1839, se firent sentir cruellement. *Tulit dolorem ut vir, sed majorem ferre noluit.*

Nous allons voir, maintenant, cette existence si laborieuse et si utile, ce caractère indépendant et inflexible, l'auteur de la plus belle création philanthropique dont la France puisse s'enorgueillir, celui qui correspondait directement avec presque tous les souverains d'Europe, et les chefs de gouvernements d'Amérique, du Mexique, etc., passer de la vie orageuse dans le sein des lettres. Le jour où il quitta la patrie et le gouvernail de la *Société internationale*, ce grand corps perdit son âme.

Devenu citoyen de la grande monarchie britannique, M. de *G. Liancourt* se fit donc homme de lettres.

De 1840 à 1844-1845, il a traduit : Le Prince de *Niccalo Machiavelli,* à la sollicitation de S. A. R. la *princesse Carlotta.* Ce petit volume a pris sous sa plume la forme de 2 vol. in-8, enrichis de 2,000 notes. S. M. *le roi des Grecs* en accepta plus tard la dédicace (2). M. *Newby* publia, à Londres : Les *Pensées morales, politiques et phylosophiques de Napoléon* (anglais-français), 1 vol. in-8 (1848). « *Pio nono, The first*

(1) Imp. Lambert, rue de Londres, 1841.

(2) Imp. par T., impression commencée à Bruxelles, 1844.

year of his pontificate, 2 vol. in-8. — M. Austin, à Hertford, publia
un *Essai de grammaire française-anglaise,* en 1853. — En 1854, le
libraire *Simson* (Hertford) annonça *The King et archbishop,* ou *Saint-
Thomas Becket et Henri II.* La première comédie du *Théâtre moral
des écoles* fut jouée à *Harlow,* Essex, en 1857 ; elle est intitulée
l'*Avare*; elle fut suivie, en 1835, de *l'Abbé Jovial,* puis, en 1839, de
Monsieur Sans-Gêne. Enfin, la *Charité* est venue terminer le volume,
en 1864 (1). — Austin publia à Hertford, en 1858, une lecture pleine
d'intérêt sur *l'Origine et le développement du langage* (en anglais).

L'année 1859 vit paraître, avec éclat, la traduction de *la Pratique
du zèle ecclésiastique* (par *l'abbé Dubois d'Avranches*). Le *cardinal
Wiseman,* légat apostolique pour la Grande-Bretagne, et si fameux
comme polyglotte, en a fait l'éloge suivant : *Rome,* 23 mars 1860. Le
*talent déployé par M. G. de Liancourt, dans la traduction du zèle, fait
voir sa connaissance supérieure des langues française et anglaise,* etc.
(Newby, Londres (2). L'infatigable travailleur, encouragé par les hommes les plus distingués, fit paraître en 1849 le *Trésor de la langue
française* (chez *Newby*); et, bientôt après. le *Petit Trésor,* 1861 (Kent
et Cᵉ, Paternoster). En 1861, M. G. *de Liancourt* adresse un « *appel* »
à tous les corps universitaires de la Grande-Bretagne, contre le mode
actuel d'enseigner les langues, in-8. C'est un écrit parfait de style et
d'érudition classique (Wertheimer Imprimeur, Londres, 1850). En
1862, *Relfe* (Aldergate) publia : « *Pleasant French hours,* ou *Soixante
historiettes dialoguées en français, avec des lettres de l'empereur Napoléon* à l'auteur. Enfin, en 1864-65, T. W. Nicholson, de Gracechurch
à Londres, imprima une petite comédie : *A Tea party,* in-8, 1808.

Les ouvrages annoncés pour paraître successivement sont les sui-
vants :

Le Menteur, drame en 4 actes.—*M. de Santillane,* drame en 5 actes,
pour *le théâtre classique*;

Un petit volume intitulé : *Hereward le Saxon,* traduit du latin;

L'Éducation de l'âme humaine, — Traité de philosophie morale;

Un grand travail qui aurait dû paraître il y a des années : Introduc-
tion de *Proclus in Platonicum Alcibiadem; De animo atq., Dæmone;
— De sacrificio et Magiâ; De Jamblique; De Mysteriis, Egyptiorum,
Chaldæorum, Assyriorum; — De Porphyre; De Divinis atq. Dæmoni-*

---

(1) Dulau et Cᵉ, Soho sq., London, 1860.

(2) 600 pages. Newby.

bus; — De Mercurius Trismégiste, inventeur des lettres et des arts;— *De Psellus ; De Dæmonibus.*

M. de G. *Liancourt* est l'auteur du poëme : *De la résurrection des Empires d'Orient*, publié sous le pseudonyme *d'une princesse de Babylone*, et traduit en vers anglais par M. *Campion*, officier de l'armée anglaise. On raconte que, par un acte inconcevable, *lord Palmerston* a fait pensionner le pseudonyme; il faut être Anglais pour faire de ces choses-là!

Nous annoncerons, avant de terminer cette notice biographique, la prochaine publication de la première partie d'une *Traduction septente*, en vers d'Horace, par une Société d'hommes de lettres, sous la présidence du *comte de Goddes-Liancourt. Français, Anglais, Allemands, Espagnols, Grecs, Italiens et Russes (Slaves)*, sont appelés à concourir à cette grande œuvre littéraire et internationale. Le Président de cette noble association s'occupe d'écrire la vie, sur un plan tout nouveau, du poëte trois fois fameux.

Voilà tout ce que nous savons de M. de G. *Liancourt*, et nous ne pouvions trouver à cette notice un corollaire plus à propos, que deux lettres qui lui furent adressées dernièrement. La première au nom de *l'empereur Napoléon*, qui voudrait que le *Prince impérial* fût plus âgé et capable de présider la *Société internationale des naufrages* avec le comte pour directeur général, etc.; la seconde, écrite par *S. Exc. le marquis de Chasseloup-Laubat, ministre de la marine impériale*, occupé à la reconstitution de ce grand corps, que M. *de Goddes* est appelé à *internationaliser*. Le ministre, en homme généreux, termine ainsi sa lettre : « *A vous, Monsieur, l'honneur de l'initiative!* »

Tel est l'homme que Celui qui tient *la main de justice* a laissé trop longtemps loin de sa patrie!

Nota. — Presque tous les ouvrages de M. Goddes de Liancourt sont au British Museum, à Londres.

Le Vicomte **S. J.**

Paris. Imp. Félix Malteste et Cᵉ, rue des Deux-Portes-St-Sauveur, 22.

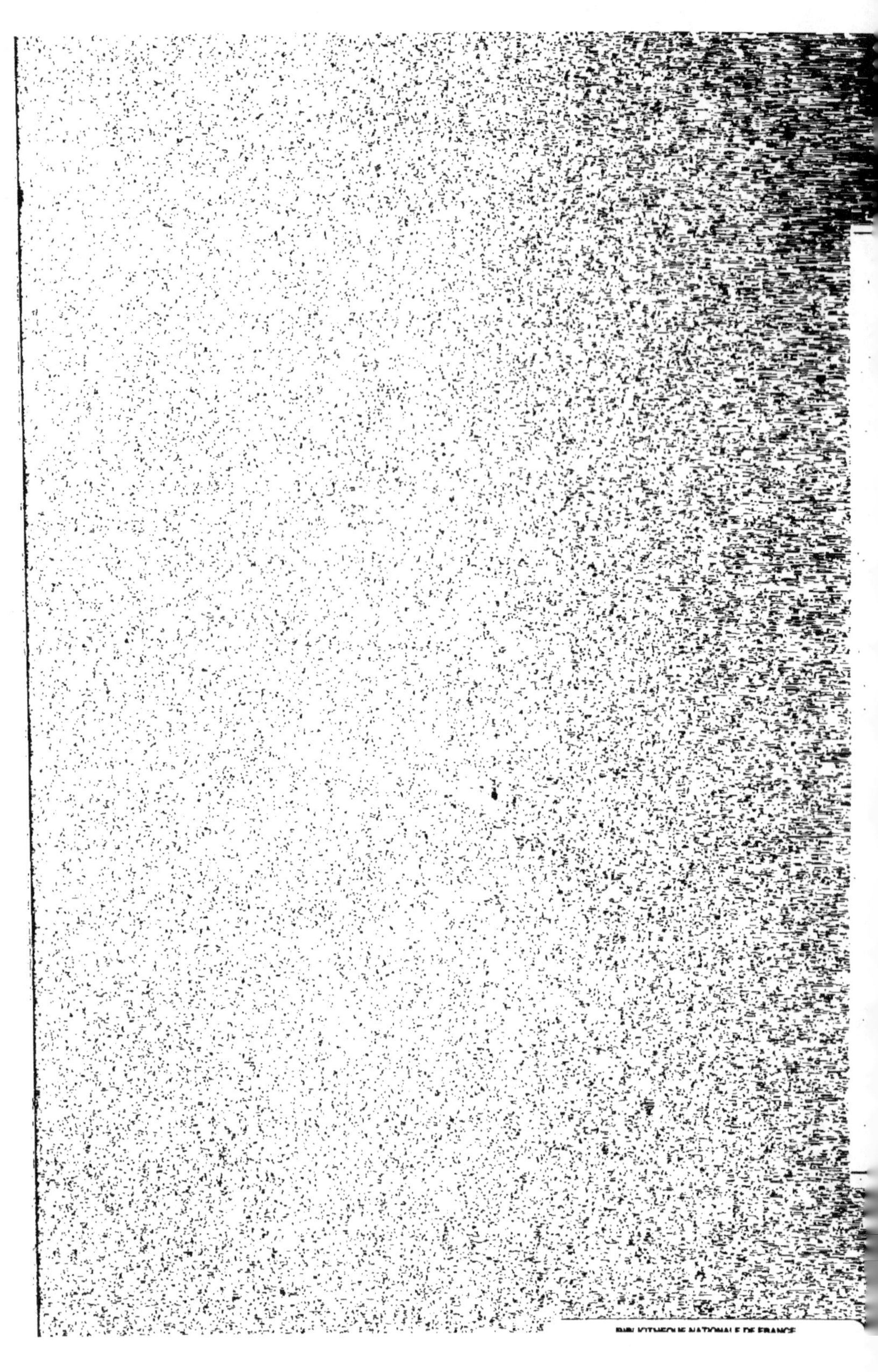

www.ingramcontent.com/pod-product-compliance
Lightning Source LLC
Chambersburg PA
CBHW051217050726
47594CB00007B/3263